시가 고운 꽃가지에 걸려서라네

권필 외 지음 | 변구일 옮김 | 정림 그림
2017년 9월 20일 초판 1쇄 발행

발행인 신승운
발행 한국고전번역원 | 등록 2008. 3. 12. 제300-2008-22호
주소 03000 서울특별시 종로구 비봉길 1
전화 02-6263-0464 | 팩스 02-6339-0724 | 홈페이지 www.itkc.or.kr
책임편집 한문희 | 편집 김준섭 박지은 천현주
디자인 파피루스 | 인쇄 ㈜나인애드

값 12,000원
ISBN 978-89-284-0492-6 07810

이 도서의 국립중앙도서관 출판예정도서목록(CIP)은
서지정보유통지원시스템 홈페이지(http://seoji.nl.go.kr)와
국가자료공동목록시스템(http://www.nl.go.kr/kolisnet)에서
이용하실 수 있습니다. (CIP제어번호 : CIP 2017024376)

* 이 책은 교육부로부터 인문학 진흥을 위한 저서출판지원을 받아 출간하였습니다.

고전그림책

시가 고운 꽃가지에 걸려서라네

권필 외 지음 | 변구일 옮김 | 정림 그림

한국고전번역원

차례

봄을 맞다

여름을 즐기다

가을을 보내다

겨울을 품다

작품 해설

작가 소개

봄을 맞다

영감 할멈 함께 즐거워하며	翁婦相欣欣
봄이 오자 밭갈이에 여념 없구나	春來事耕作
높은 수레 탄 고관대작들	高車駟馬人
그 누가 농사꾼의 즐거움 알랴	誰識田家樂

봄을 맞다

한가로이 모여 앉아 바둑을 두다가	閑來相與鬪圍碁
봄빛에 마음 끌려 바둑돌을 더디 놓네	却被春嬌下子遲
고운 뺨을 괸 채 끝없는 생각에 잠겼는데	手托香顋無限意
복사꽃 핀 가지에서 꾀꼬리가 지저귀누나	桃花枝上囀鶯兒

인기척 하나 없고 푸른 기운 싱그러운데　　了無人響翠泠然
몽롱한 대낮에 버들개지 흩날리는구나　　永晝矇矓柳絮顚
복사꽃 입질하느라 물고기 다 깨었고　　唼呷桃花魚盡悟
볕에 넌 그물은 연기처럼 한들거리네　　漁罾閒曬漾如烟

봄을 맞다

봄옷을 막 지어 입고	春服初成後
산길을 홀로 나선 차에	山蹊獨立時
문득 갈 길을 잊어버렸으니	直須忘去路
시가 고운 꽃가지에 걸려서라네	詩在好花枝

여름을 즐기다

작은 풀들 우거진 사이에	茸茸短艸間
바위 틈으로 졸졸 샘물이 흐르네	知有石根水
모이 쪼는 새는 의심하지 마라	鳥啄莫相疑
바람이 솨솨 대 흔드는 소리니	飈飈風竹耳

비단 주머니 달랑달랑 차고서	封着錦囊去
동자는 산 할아버지 따라나섰네	童子隨山翁
살랑바람이 나뭇잎에서 이니	微涼起林葉
온 산이 한 폭의 풍경이라네	滿山風景中

6 이달 할아버지 따라 아이는 어디로 가나

큰 아이 소를 끌고 작은 아이 소를 타고 大兒牽牛小兒騎
저녁 무렵 수풀 사이로 느릿느릿 돌아오네 水南煙草暮歸遲
도롱이 덮어쓴 채 피리만 불어 댈 뿐 橫吹短笛寒簑底
비바람에 불어났을 냇물 걱정 전혀 않네 不怕前溪風雨時

7 고경명 저절로 한가해지네

여름을 즐기다

씻은 듯 정갈한 띳집이 물가에 자리하고　瀟灑茅茨面水開
십리에 뻗은 연꽃은 비단을 쌓은 듯하네　荷花十里錦成堆
나귀 탄 길손 역시 무심한 터라　騎驢亦是忘機客
들오리도 스스럼없이 반겨서 맞아 주네　野鴨相迎不自猜

가을을 보내다

푸른 솔과 흰 바위가 그림처럼 펼쳐진 곳	蒼松白石畫圖開
초가집은 외따로이 세상을 떠나 있네	茅屋蕭疏絶世埃
붉게 물든 바위산에 폭포수 걸려 있으니	紅葉滿山巖有瀑
맑은 우레 뿜는 걸 종일 앉아 바라보겠네	坐看盡日噴晴雷

9 윤기 붉게 물들어 가는 가을 산

가을빛이 물들어서 굽이굽이 기이하니 點綴秋容曲曲奇
흰 구름과 흐르는 물이 초라한 울타리를 둘렀네 白雲流水擁寒籬
어떤 이가 바위 옆 나무에 기대어 있나 何人爲倚巖邊樹
앞 봉우리에 달님이 떠오르는 때로구나 正是前峰月上時

외로운 학이 먼 하늘을 바라보다가　　獨鶴望遙空
차가운 밤기운에 한 다리를 오그렸네　　夜寒拳一足
대숲에 가을바람 휘몰아치는데　　西風苦竹叢
온몸이 이슬에 함초롬히 젖었구나　　滿身秋露滴

가을을 보내다

빈 골짝에 그윽한 자태로 옥 이슬 맺혔는데　　空谷幽姿玉露溥
맑은 향기 맡으려 해도 못 다가가 서글퍼라　　淸香欲嗅悵難攀
누런 구름 드리운 저녁에 산바람이 이니　　黃雲薄暮山風起
향기 날려 속세간에 떨어질까 두렵구나　　猶怕吹香落世間

가을을 보내다

겨울을 품다

몰아치는 바람에 구름 모습 어지럽고	風緊雲容慘
싸늘한 하늘에 눈발이 세찬데	天寒雪勢嚴
체로 쳐서 뿌린 듯한 흰 눈은 곱디고와서	篩寒洒白弄纖纖
집집마다 지붕 위에 소금이 쌓인 듯하네	萬屋盡堆鹽

겨울을 품다

펄펄 날리는 첫눈은 솜보다도 하얗고	飛飛新雪白於綿
은빛 폭포는 공중에 걸리었네	懸瀑如銀掛半天
산속 주막은 문이 닫혀 사람 소리 드물고	山店閉門人語少
찬 강물 어딘가에 고깃배가 한 척 떠 있네	寒江何處一漁船

날이 개니 다리에 눈이 쌓여 있고	霽色埋橋雪
찬 바람이 골짝의 소나무 가르는데	寒風度壑松
세밑에 누구 집에서 만나기로 했는지	誰家歲暮約
저 높이 기이한 봉우리만 서 있네	高處有奇峰

15 권섭 눈 내린 산길을 걷다

찬 가지는 눈에 눌려 축 처졌는데　　寒枝壓雪倒
잠든 까치는 바람 피해 편안하구나　　瞑鵲避風安
적막한 산언덕의 경치를　　錯莫山阿景
관청 벽에서 보게 되다니　　如何省壁看

시 속에 그림이 있고, 그림 속에 시가 있다

변구일

옛 그림 앞에 서면 그림 속 여백 한쪽에 자리 잡은 글이 보는 이의 눈길을 끕니다. 옛사람들은 좋은 그림을 보면 이를 감상하는 데 그치지 않고 그림에 대한 느낌을 시로 표현하곤 했습니다. 김홍도金弘道가 그린 〈마상청앵馬上聽鶯〉의 왼쪽 상단 여백에는 그의 동갑내기 벗 이인문李寅文이 그림을 보고 지은 시가 적혀 있습니다.

김홍도 〈마상청앵〉, 종이에 수묵담채, 117.2×52cm, 간송미술문화재단 소장

가인이 꽃 아래서 재잘거리니
시인이 술동이와 감귤 한 쌍 들었네
금빛 북이 버들 언덕을 어지러이 오가면서
안개 끌고 비를 엮어 봄 강을 수놓는다

佳人花底簧千舌
韻士樽前柑一雙
歷亂金梭楊柳崖
惹烟和雨織春江

'말에 앉아 꾀꼬리 우는 소리를 듣는다'라는 그림 제목처럼 길을 가다 아름다운 새 소리를 듣고 고개 돌려 바라보는 선비의 모습이 잘 담겨 있습니다. 그런데 이 시를 읽고 나면 그림 속 장면이 살아 움직이는 것처럼 더욱 생생하게 느껴집니다. 봄날의 꾀꼬리 소리는 아름다운 여인이 꽃 아래서 재잘거리는 낭랑한 목소리처럼 들립니다. 술 한 말과 감귤 두 개를 들고 꾀꼬리 소리를 찾아 나섰던 옛사람처럼 시인도 그 소리에 마음을 뺏깁니다. 따뜻한 봄, 나무 사이로 오가며 지저귀는 꾀꼬리의 향연은 마치 한 폭의 그림을 수놓고 있는 것이 아닌지 착각에 빠질 정도로 아름답습니다.

이처럼 그림을 보고 쓴 시를 제화시題畫詩라고 하는데, 이 제화시를 통해 그림이 못 다 전한 이야기들을 들을 수 있습니다.

중국에서는 오래전부터 많은 시인이 제화시를 지었습니다. 특히 당唐나라 때 두보杜甫나 이백李白이 지은 제화시가 유명합니다. 우리나라에서는 고려 때부터 제화시가 지어지다가, 조선 시대에 크게 유행하여 문인들의 문집文集에는 많은 제화시가 수록되어 있습니다. 그런데 오늘날 제화시를 낳은 원래의 작품들을 찾아내기가 쉽지 않습니다. 그 시들이 어떤 그림을 보고 지었는지 유추할 수 있는 단서가 거의 남아 있지 않기 때문입니다. 간혹 어떤 그림을 보고 지었는지 알 수 있더라도 정작 그 그림이 사라져 버린 경우도 많습니다.

하지만 제화시를 낳은 원래의 그림이 사라졌다고 해도 그 그림을 볼 수 없는 것은 아닙니다. 송宋나라의 대문호 소식蘇軾은 당나라의 시인이자 화가인 왕유王維의 시와 그림을 두고 '시 속에 그림이 있고, 그림 속에 시가 있다'라고 했습니다. 시를 보면 머리 속에 그 그림이 떠오르고, 그림을 보면 마음 속에 그 시가 떠오른다는 의미입니다. 시를 음미하다가 시의 장면이 눈 앞에 그림처럼 떠오른다면, 시가 곧 그림인 셈입니다. 그렇기에 그림이 사라졌다 해도 제화시를 통해 그 그림을 상상해 볼 수 있습니다.

옛날 화원畫員을 선발하는 시험에서는 시구詩句를 주고 그림을 그리게 했다고 합니다. 화원들은 시를 읽으며 장면뿐만 아니라 시구에 담긴 시인의 마음까지 그림으로 표현해 내야 했습니다. 이 책에 실린 그림들은 옛날 화원들이 그랬던 것처럼 현재 남아 있는 제화시를 읽고 떠오른 이미지를 현대 화가가 다시 그린 것입니다. 그림 재료와 표현 기법은 옛날과 다르지만 그림 속에 시인의 마음을 담아내겠다는 그 뜻만큼은 다르지 않을 것입니다.

이 책의 시들이 묘사한 원래의 그림들이 혹 어딘가 남아 있다면, 어떤 모습일까요? 또 현대 화가의 그림은 시 속의 장면을 어떻게 표현했을까요? 이 책에서는 봄, 여름, 가을, 겨울 사계절을 주제로 한 제화시들을 담았습니다. 옛 시인의 시와 오늘날 화가의 그림이 어우러져 빚어내는 아름다운 시경詩境 속으로 들어가 보시기를 바랍니다.

고경명 高敬命 1533~1592은 조선 중기의 문인이자 임진왜란 때 활약한 의병장입니다. 전라도 금산 전투에서 왜군과 싸우다가 아들 고인후高因厚와 함께 전사하였습니다. 의절義節로 당대와 후대에 이름이 높았으며, 문과에 장원급제할 정도로 시문詩文에도 뛰어났습니다.

저절로 한가해지네 (「시골 풍광을 읊어 그림 족자에 쓰다 詠田家題畫障」, 『제봉집 霽峯集』)

권섭 權燮 1671~1759은 숙종과 영조 시대에 활동한 문인입니다. 그는 부친을 일찍 여의고, 성리학자로 유명한 큰아버지 권상하權尙夏에게 오랫동안 학문을 배웠습니다. 젊은 시절 관리들이 당파를 이루어 다투는 모습을 보고 관직에 환멸을 느껴, 이후 문학과 예술, 여행에 심취하였습니다. 큰아버지에게 받은 영향으로 당대의 주류 학문인 성리학의 세계관을 고수하였지만, 한편으로 불가佛家나 도가道家 등 다른 사상에 관용적인 태도를 보이기도 하였습니다.

눈 내린 산길을 걷다 (「병풍 그림에 쓰다 題屛畫」, 『옥소고 玉所稿』)

권필權韠 1569~1612은 조선 시대 최고의 시인 중 한 명으로 꼽히는 사람입니다. 「관동별곡關東別曲」 등의 가사歌辭 작품으로 유명한 송강松江 정철鄭澈을 스승으로 모셨습니다. 자유분방한 성격으로 술을 좋아하고 성품이 강직하였다고 합니다. 외척의 전횡을 문제 삼은 임숙영任叔英이 광해군의 뜻에 거슬려 죄를 받자, 「궁류시宮柳詩」를 지어 광해군을 풍자하였습니다. 이 일로 귀양을 가다가 동대문 밖에서 폭음한 나머지 이튿날 44세의 젊은 나이로 죽었습니다. 유명한 문장가 장유張維가 그의 작품을 '천기天機의 발현'이라고 극찬했을 정도로 당대와 후대에 크게 인정받았습니다.

시흥을 일으키는 어느 봄날 (「그림에 쓰다題畵」, 『석주집石洲集』)

박제가朴齊家 1750~1805는 조선 후기 영조와 정조 시대에 활동한 실학자입니다. 어려서부터 시詩, 서書, 화畵에 뛰어났고, 연암燕巖 박지원朴趾源에게 많은 영향을 받았습니다. 서얼로 태어났지만 정조의 인재 등용 방침에 따라 이덕무李德懋, 유득공柳得恭, 서이수徐理修와 함께 규장각 검서관檢書官으로 근무하면서 학문과 식견을 넓혔습니다. 시에 뛰어나 이덕무, 유득공, 이서구李書九와 함께 조선 후기 '사가시인四家詩人'으로 불렸습니다.

여름의 소리 (「그림에 쓰다題畵」, 『정유각집貞蕤閣集』)

서거정 徐居正 1420~1488은 국가의 문징을 관장하는 대제학大提學을 20여 년 동안 역임하면서 당대의 문단을 이끌었습니다. 6천여 수의 방대한 분량의 시가 오늘날까지 전해옵니다. 오랜 세월 관직에 있으면서 부귀와 명예를 누렸기에 작품이 화려하고 여유롭다는 평가를 받습니다.

강물 어디쯤에 고깃배가 있으련만 (「신설도新雪圖」, 『사가집四佳集』)

신익전 申翊全 1605~1660은 조선 중기의 문인입니다. 조선 중기 한문 사대가漢文四大家의 한 사람인 상촌象村 신흠申欽의 아들입니다. 병자호란 때 청나라를 물리치자는 강경론을 주장하다 심양瀋陽으로 압송되어 고초를 겪은 김상헌金尙憲에게 학문을 배웠습니다. 그 역시 과거 급제 이후 병자호란이 일어나자 심양으로 끌려갔고, 이후에도 청나라와의 관계에서 강경한 입장을 펴다 시련을 겪기도 하였습니다. 『주역』을 깊이 연구하였고, 서예와 문장에 뛰어났습니다.

그림을 보며 겨울을 품네 (「까치 그림에 쓰다題畫鵲」, 『동강유집東江遺集』)

윤기 尹愭 1741~1826는 조선 후기의 문인으로 20세에 성호 이익을 뵙고 스승으로 모셨습니다. 그러나 서울의 몰락한 남인 신분이었기에 52세의 늦은 나이에 겨우 문과에 급제하였고, 세상의 불의와 부조리를 참지 못하는 강직한 성품 탓에 미관말직을 전전하며 궁핍한 삶을 살았습니다.

붉게 물들어 가는 가을 산 (「그림 부채에 쓰다題畵扇」, 『무명자집 無名子集』)

이관명 李觀命 1661~1733은 조선 후기 숙종과 영조 때의 문인입니다. 판서 이민서李敏敍의 아들로, 왕가의 후예이자 노론 명문가의 후손답게 대제학과 이조 판서, 좌의정을 지내는 등 정계의 중심에 있었습니다. 하지만 당쟁의 와중에 아우 이건명李健命이 사사되고 본인은 유배되는 등 굴곡진 삶을 살았습니다.

나무에 기대어 가을을 보내네 (「그림을 읊다詠畵」, 『병산집 屛山集』)

이달 李達 1539~1612은 신분제가 엄격한 봉건 사회에서 불우한 인생을 살았던 서얼 출신의 시인입니다. 당시唐詩를 깊이 배워 대가로 칭송되었습니다. 비슷한 시풍을 가진 최경창崔慶昌, 백광훈白光勳과 어울려 시사詩社를 맺었는데, 후에 이들은 '삼당시인三唐詩人'이라고 불렸습니다.

주름진 얼굴에서 피어나는 웃음 (「그림에 쓰다題畵」, 『손곡시집 蓀谷詩集』)

할아버지 따라 아이는 어디로 가나 (「그림을 읊다詠畵」, 『손곡시집 蓀谷詩集』)

외발로 선 학의 꿈 (「그림 속 학畵鶴」, 『손곡시집 蓀谷詩集』)

이덕무李德懋 1741~1793는 조선 후기 영조와 정조 시대에 활동한 실학자입니다. 어린 시절부터 다른 취미가 없이 오직 독서하기를 좋아하여 하루도 책을 손에서 놓은 적이 없었습니다. 박지원을 스승으로 모시고 박제가, 유득공 등과 교유하며 학문에 대해 담론하였습니다.

어촌의 하루가 바람처럼 지나가네 (「연암 박지원의 어촌쇄망도에 쓰다題朴燕巖漁村曬網圖」, 『아정유고雅亭遺稿』)

이승소李承召 1422~1484는 세종 때 과거에 장원 급제하여 집현전集賢殿에서 오랫동안 근무하였습니다. 단종과 세조로 이어지는 격변기에도 조정의 관직을 두루 역임하면서 화를 입지 않고 비교적 평탄한 일생을 살았습니다. 대제학을 지낸 서거정과 함께 관료 문인으로 당대의 문풍文風을 주도하였습니다.

바둑알을 놓는 일 더딜 수밖에 (「미인도美人圖」, 『삼탄집三灘集』)

이제현李齊賢 1287~1367은 고려가 원나라의 간섭을 받았던 시기에 충렬왕忠烈王부터 공민왕恭愍王까지 여섯 왕을 모시며 재상을 네 번 역임한 대학자이자 정치가입니다. 15세에 과거에 급제하여 여러 관직을 거치고 28세에 연경으로 가서 충선왕을 모셨습니다. 이때 서법으로 유명한 조맹부趙孟頫 등 중국의 문인들과 교유하며 학문과 식견을 넓혔습니다.

세상은 눈 속에서 깊은 잠에 들다 (「강 하늘의 저녁 눈江天暮雪」, 『익재난고益齋亂藁』)

이행 李荇 1478~1534은 18세 되던 연산군 1년에 문과에 급제하였습니다. 직언을 서슴지 않았던 강직한 성격의 소유자로 연산군의 생모인 폐비 윤씨의 복위를 반대하다 유배되었습니다. 이후 중종 반정으로 풀려나 조정의 여러 관직을 거치고 좌의정을 지냈습니다. 대제학을 맡아 당대의 문장을 담당하였고, 그림과 글씨에도 조예가 깊었습니다.

나귀 탄 길손은 누굴 찾아가는 걸까 (「그림에 쓰다 詠畫」, 『용재집 容齋集』)

황준량 黃俊良 1517~1563은 24세에 문과에 급제하였으나 그에게 원한을 품은 언관의 탄핵으로 신녕 현감, 단양 군수, 성주 목사 등 지방관을 전전하였습니다. 퇴계 이황이 아끼던 제자로, 『주자서절요 朱子書節要』의 편찬에 심혈을 기울이다가 47세의 나이로 세상을 떠났습니다. 이황은 제문祭文과 만사挽詞를 지어 깊은 슬픔을 담아 제자의 넋을 위로하였습니다.

이슬 사이로 그윽한 향기 퍼지고 (「병풍 그림 여덟 첩에 우연히 쓰다, 난초 屛畫八帖偶題 蘭」 『금계집 錦溪集』)

봄을 맞다

1. 翁婦相欣欣
옹 부 상 흔 흔
春來事耕作
춘 래 사 경 작
高車駟馬人
고 거 사 마 인
誰識田家樂
수 식 전 가 락

이달

2. 閑來相與鬪圍碁
한 래 상 여 투 위 기
却被春嬌下子遲
각 피 춘 교 하 자 지
手托香顋無限意
수 탁 향 시 무 한 의
桃花枝上囀鶯兒
도 화 지 상 전 앵 아

이승소

3. 了無人響翠泠然
요 무 인 향 취 령 연
永晝曚曨柳絮顚
영 주 몽 롱 유 서 전
唼呷桃花魚盡悟
삽 합 도 화 어 진 오
漁罾閒曬漾如烟
어 증 한 쇄 양 여 연

이덕무

4. 春服初成後
춘 복 초 성 후
山蹊獨立時
산 혜 독 립 시
直須忘去路
직 수 망 거 로
詩在好花枝
시 재 호 화 지

권필

여름을 즐기다

5. 茸茸短艸間
용 용 단 초 간
知有石根水
지 유 석 근 수
鳥啄莫相疑
조 탁 막 상 의
颼颼風竹耳
수 수 풍 죽 이
박제가

6. 封着錦囊去
봉 착 금 낭 거
童子隨山翁
동 자 수 산 옹
微涼起林葉
미 량 기 림 엽
滿山風景中
만 산 풍 경 중
이달

7. 大兒牽牛小兒騎
대 아 견 우 소 아 기
水南煙草暮歸遲
수 남 연 초 모 귀 지
橫吹短笛寒簑底
횡 취 단 적 한 사 저
不怕前溪風雨時
불 파 전 계 풍 우 시
고경명

8. 瀟灑茅茨面水開
소 쇄 모 자 면 수 개
荷花十里錦成堆
하 화 십 리 금 성 퇴
騎驢亦是忘機客
기 려 역 시 망 기 객
野鴨相迎不自猜
야 압 상 영 부 자 시
이행

가을을 보내다

9. 蒼松白石畫圖開
창 송 백 석 화 도 개

茅屋蕭疏絶世埃
모 옥 소 소 절 세 애

紅葉滿山巖有瀑
홍 엽 만 산 암 유 폭

坐看盡日噴晴雷
좌 간 진 일 분 청 뢰

윤기

10. 點綴秋容曲曲奇
점 철 추 용 곡 곡 기

白雲流水擁寒籬
백 운 유 수 옹 한 리

何人爲倚巖邊樹
하 인 위 의 암 변 수

正是前峰月上時
정 시 전 봉 월 상 시

이관명

11. 獨鶴望遙空
독 학 망 요 공

夜寒拳一足
야 한 권 일 족

西風苦竹叢
서 풍 고 죽 총

滿身秋露滴
만 신 추 로 적

이달

12. 空谷幽姿玉露漙
공 곡 유 자 옥 로 단

淸香欲嗅悵難攀
청 향 욕 후 창 난 반

黃雲薄暮山風起
황 운 박 모 산 풍 기

猶怕吹香落世間
유 파 취 향 낙 세 간

황준량

겨울을 품다

13. 風緊雲容慘
풍 긴 운 용 참
天寒雪勢嚴
천 한 설 세 엄
篩寒洒白弄纖纖
사 한 쇄 백 농 섬 섬
萬屋盡堆鹽
만 옥 진 퇴 염

이제현

14. 飛飛新雪白於綿
비 비 신 설 백 어 면
懸瀑如銀掛半天
현 폭 여 은 괘 반 천
山店閉門人語少
산 점 폐 문 인 어 소
寒江何處一漁船
한 강 하 처 일 어 선

서거정

15. 霽色埋橋雪
제 색 매 교 설
寒風度壑松
한 풍 도 학 송
誰家歲暮約
수 가 세 모 약
高處有奇峰
고 처 유 기 봉

권섭

16. 寒枝壓雪倒
한 지 압 설 도
瞑鵲避風安
명 작 피 풍 안
錯莫山阿景
착 막 산 아 경
如何省壁看
여 하 성 벽 간

신익전

글 | 변구일

고려대학교에서 국어국문학을 전공하고 한문학으로 석사 학위를 취득하였습니다. 한국고전번역원 고전번역교육원에서 한문을 공부하고, 한국고전번역원 선임연구원으로 재직하고 있습니다. 『창계집』, 『일성록』, 『동천유고』, 『당송팔대가문초-구양수』, 『정情, 사람을 노래하다』, 『경景, 자연을 노래하다』 등의 번역과 집필에 참여하였습니다.

그림 | 정림

대학에서 산업디자인을 전공하고, 현재 일러스트레이터로 활동 중입니다. 그린 책으로 『인현왕후전』, 『청계천 5840』, 『강변 살자』, 『살아 있는 초상화』 등이 있고, 쓰고 그린 책으로 『안녕, 존』이 있습니다.